So wird es gemacht:

Öffne das mini LÜK-Kontrollgerät und lege die Plättchen in den unbedruckten Deckel!

Jetzt kannst du auf den Plättchen und im Kontrollgerät die Zahlen [1] bis [12] sehen.

Beispiel: Seite 2

Finde das Wort zum Bi

Nimm das Plättchen [1]

und sieh dir die Aufgabe Nr. 1 a

Was stellt die Zeichnung dar?

Du siehst einen Anzug.

Das Wort Anzug hat die Zahl 11.

Lege also das Plättchen [1] auf das Feld 11 im Kontrollgerät!

Die Zahl **1** muss nach oben zeigen.

1	2	3	4	5	6
7	8	9	10	(11)	12

So musst du weiterarbeiten, bis alle 12 Plättchen im Kontrollgerät liegen. Schließe dann das Gerät und drehe es um! Öffne es von der Rückseite!

Wenn du das bei der Übungsreihe abgebildete Muster siehst, hast du alle Aufgaben richtig gelöst. Passen einige Plättchen nicht in das Muster, dann hast du dort Fehler gemacht. Wende diese Plättchen dort, wo sie liegen, um, schließe das Gerät, drehe es um und öffne es wieder. Nun kannst du sehen, welche Aufgaben du falsch gelöst hast.

Nimm diese Plättchen heraus und suche die richtigen Ergebnisse! Kontrolliere dann noch einmal! Stimmt jetzt das Muster?

Und nun viel Spaß!

Hinweis: Bei einigen Namenwörtern wird das Geschlecht durch diese Symbole angegeben:

 männlich

 weiblich

 sächlich

A

Finde das Wort zum Bild!

1

Anzug	11
Abend	10
Acker	4

2

Ameise	1
Aussicht	9
Adler	7

3

Affe	10
Amt	5
Angst	6

4

Anlauf	8
Ampel	12
Anorak	2

5

Amsel	4
Arbeit	6
Anzahl	9

6

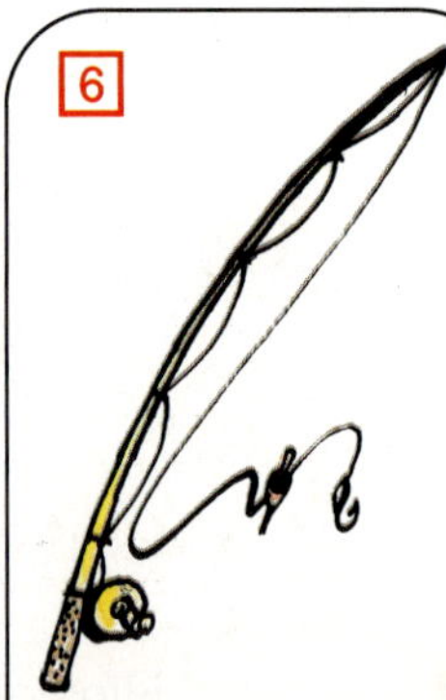

April	1
Asche	3
Angel	8

7

Auslage	9
Aufgabe	2
Anker	6

8

Aufsatz	5
Apfel	1
Aufsicht	2

9

Arm	9
Aufzug	5
Auge	3

10

August	2
Arzt	5
Ausflug	7

11

Auspuff	1
Ast	3
Ausrede	2

12

Axt	2
Auto	8
Ausweg	4

In welchem Wort fehlt ein a ?

Wähle aus zwei Möglichkeiten!

1

9

H_mmer

Pf_rd

10

2

5

F_ckel

M_nd

4

3

7

Sch_rm

S_lbe

2

4

10

P_lme

K_rze

3

5

4

Br_lle

D_ckel

8

6

6

T_fel

Br_t

12

7

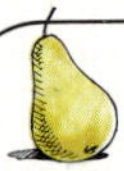

1

B_rne

G_bel

4

8

7

S_nne

H_ken

11

9

12

F_sch

R_dio

1

10

3

B_ll

T_sch

4

11

9

F_der

F_hne

7

12

12

T_nne

L_we

6

Finde die gleichen Wörter!

Von oben nach unten – von unten nach oben

1	2	3	4	5	6	7	8	9	10	11	12
a	a	a	a	a	a	a	a	a	a	a	a
b	b	b	b	b	b	b	b	b	b	b	b
f	l	l	m	m	s	s	s	s	s	s	s
a	e	e	a	e	c	c	c	e	t	t	t
h	h	n	c	l	h	h	h	n	a	i	ü
r	n	k	h	d	l	n	r	d	m	m	r
e	e	e	e	e	i	e	e	e	m	m	z
n	n	n	n	n	e	i	i	n	e	e	e
					ß	d	b		n	n	n
					e	e	e				
					n	n	n				
					n	n	n				
					e	e	e				
					b	ß	d		n	n	n
n	n	n	n	n	i	e	i	n	e	e	e
e	e	e	e	e	e	i	e	e	z	m	m
k	r	d	h	n	r	l	n	d	r	m	m
n	h	l	c	h	h	h	h	n	ü	a	i
e	a	e	a	e	c	c	c	e	t	t	t
l	f	m	m	l	s	s	s	s	s	s	s
b	b	b	b	b	b	b	b	b	b	b	b
a	a	a	a	a	a	a	a	a	a	a	a
6	3	12	4	1	7	8	10	11	2	9	5

B

Ein Wort – drei Bilder

Welche Abbildung passt zum Wort?

1	Ball	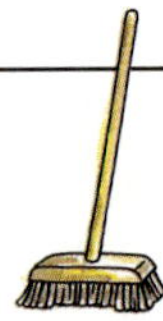 8	 2	 10
2	Baum	 6	 9	 12
3	Berg	 4	 3	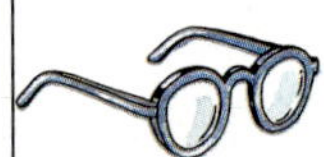 11
4	Besen	 7	 12	 1
5	Birne	 9	 4	 8
6	Blatt	 10	 5	 11

7	Blume	 8	 1	 7
8	Bluse	 5	 12	 4
9	Brille	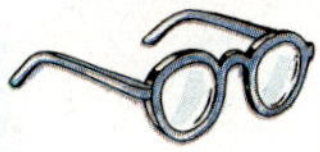 4	 11	 6
10	Brot	 10	 8	 9
11	Buch	 2	 4	 10
12	Burg	 11	 9	 5

C

Wörterschlangen

Ordne diese Wörter den Wörtern auf Seite 9 unten richtig zu!

Campingplatz 10	City 12	Cola 1
Creme 3	Café 11	Chef 8
Chinese 9	Cowboy 7	Christkind 2
Clown 4	Chor 6	Computer 5

D

Wort – Bild – Zuordnung

Was gehört zusammen?

1 Dach

2 Dackel

3 Daumen

4 Decke

5 Deckel

6 Dampfer

4

3

8

7

6

12

7 Drachen

8 Denkmal

9 Dieb

10 Dorf

11 Dose

12 Dusche

11

9

10

1

2

5

Buchstabensalat

Bilde Wörter!

1: m D e a

3: a t D u m

2: e e r D i n

4: k o t D r o

5: n D r o

6: u t D s r

8: h D a c

9: m a D f p

7: e c D e k

10: r h D t a

11: a h e D n c r

12: n m D e u a

Dampf 12	Doktor 9
Datum 11	Dorn 5
Daumen 1	Drachen 6
Dach 2	Draht 4
Diener 8	Decke 3
Dame 10	Durst 7

Suche die Wörter mit d!

In jeder Zeile ist ein d-Wort versteckt!

1	a	r	d	e	f	d	e	n	k	e	n	d	x	d	g	i
2	s	z	u	d	m	l	d	w	d	r	e	h	e	n	d	o
3	d	r	d	a	m	a	l	s	d	l	m	d	k	r	h	n
4	q	d	g	t	v	d	o	r	n	i	g	d	f	d	o	c
5	d	s	n	l	d	u	n	k	e	l	d	e	d	c	p	l
6	e	d	a	r	u	m	d	o	d	p	w	d	n	g	e	b
7	d	t	h	d	p	x	a	c	d	v	d	i	c	h	t	d
8	p	d	s	d	ö	r	b	u	z	d	e	u	t	e	n	d
9	d	j	d	a	n	k	e	n	d	o	y	a	d	t	w	b
10	d	g	k	d	f	c	e	d	r	ü	b	e	n	d	x	v
11	i	h	d	k	g	d	l	h	d	u	m	m	l	o	g	d
12	d	m	f	d	ü	r	f	e	n	d	s	i	d	k	b	u

- damals 2
- danken 1
- denken 5
- deuten 9
- dicht 12
- darum 4
- dornig 6
- dumm 7
- dürfen 10
- drehen 3
- drüben 11
- dunkel 8

E

Suche das Bild zum Wort!

Du hast jeweils drei Möglichkeiten.

1	Ecke	 4	 2	 7
2	Esslöffel	 12	 10	 1
3	Elefant	 6	 9	 4
4	Erbse	 7	 3	 11
5	Eltern	 8	 10	 1
6	Engel	 9	 5	 6

7	Ente	 1	 11	 8
8	Erde	 8	 12	 6
9	Esel	 3	 7	 11
10	Eskimo	 9	 8	 4
11	Essig	 10	 9	 1
12	Etui	 11	 5	 3

F

Hier musst du das Wort zum Bild finden!

1

Feuer	11
Fabrik	6
Ferse	1

2

Frosch	2
Farbe	12
Fahne	8

3

Fahrrad	10
Futter	3
Floß	5

4

Fenster	2
Fass	11
Feder	7

5

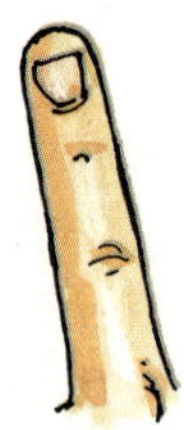

Finger	4
Freitag	1
Faust	9

6

Februar	12
Fuß	3
Fisch	1

7

Flügel	9
Familie	8
Flasche	5

8

Fleisch	2
Feld	12
Feind	4

9

Frieden	10
Fluss	9
Ferkel	3

10

Flugzeug	7
Frau	12
Fessel	6

11

Fuchs	3
Fels	2
Fest	11

12

Freund	9
Fleck	4
Fackel	7

G

Lauter Wörter mit G

Suche das Bild zum Wort!

1 **Gabel**

 10	 4	 8	 6

2 **Gans**

 3	 11	 5	 1

3 **Garten**

 6	 7	 2	 12

4 **Gespenst**

 10	 9	 11	 3

5 **Gift**

 2	 6	 12	 4

6 **Glas**

 7	 9	 2	 8

7 Glatze

 1	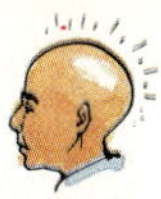 9	 7	 5

8 Glocke

 6	 10	 4	 7

9 Grab

 11	 8	 5	 2

10 Gras

 10	 1	 8	 6

11 Gurke

 8	 3	 11	 10

12 Gürtel

 5	 4	 8	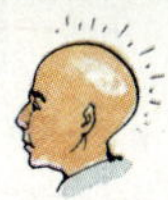 9

H

Verknüpfe das Wort mit dem zugehörigen Bild !

1 Haar

2 Haken

3 Hand

4 Hase

5 Haus

6 Heft

4

11

3

12

1

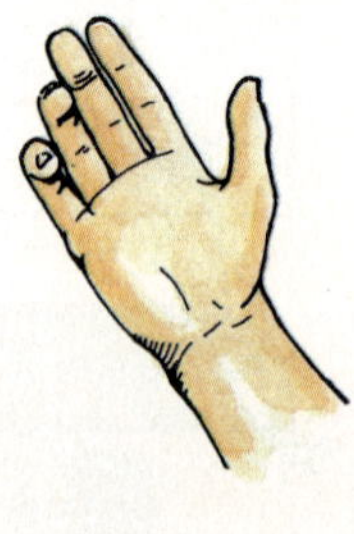

7

7 Hemd

8 Herz

8

10

9 Hexe

10 Holz

9

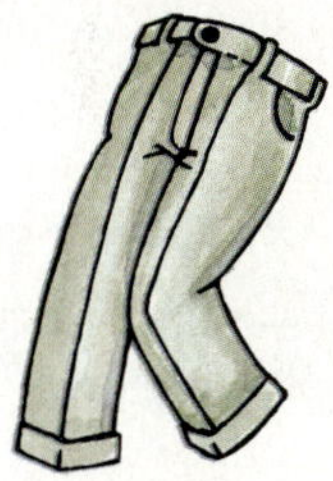

2

11 Hose

12 Hund

5

6

Buchstaben-Raupen

Suche die gleichen Wörter unten im Kasten!

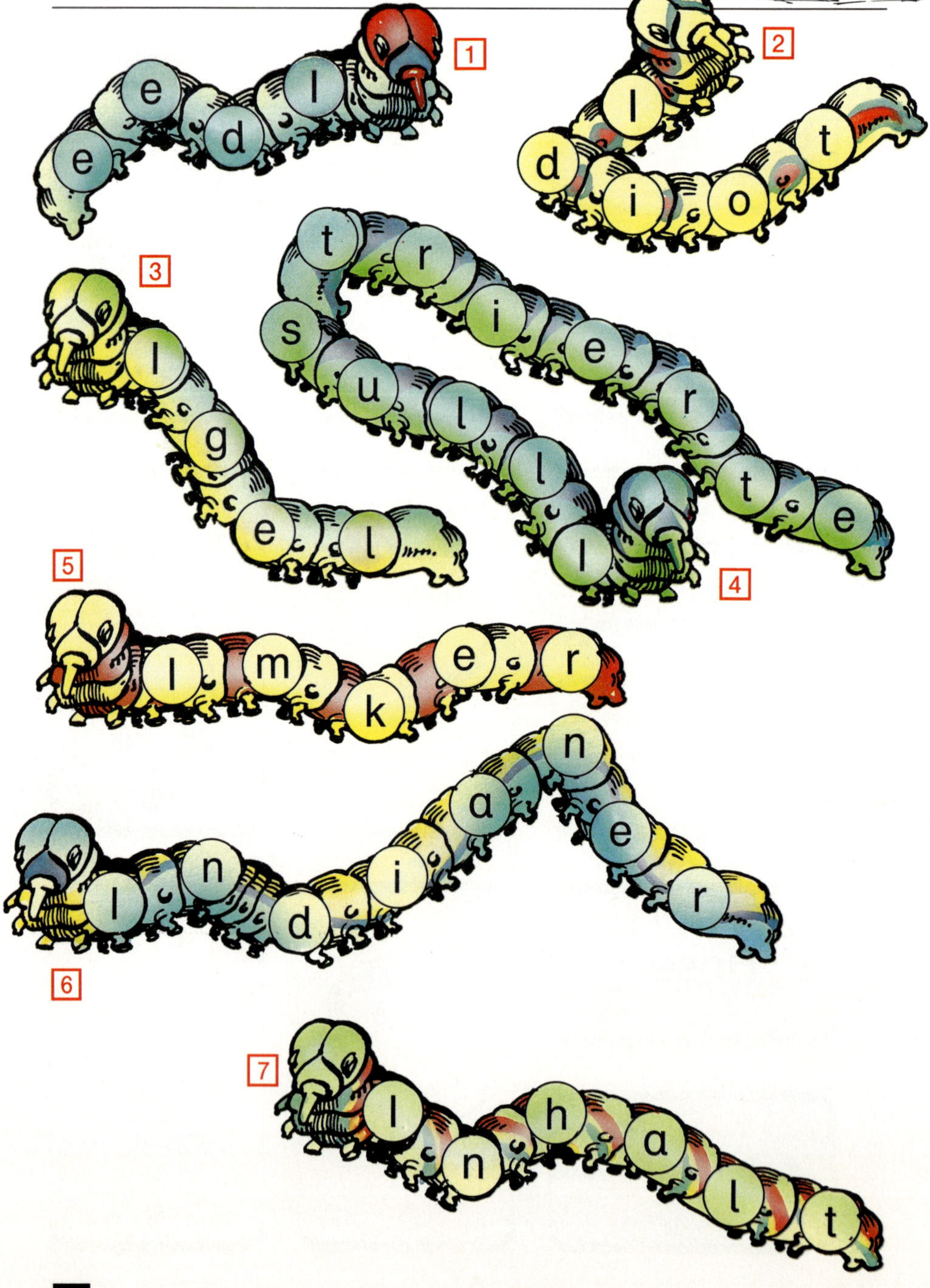

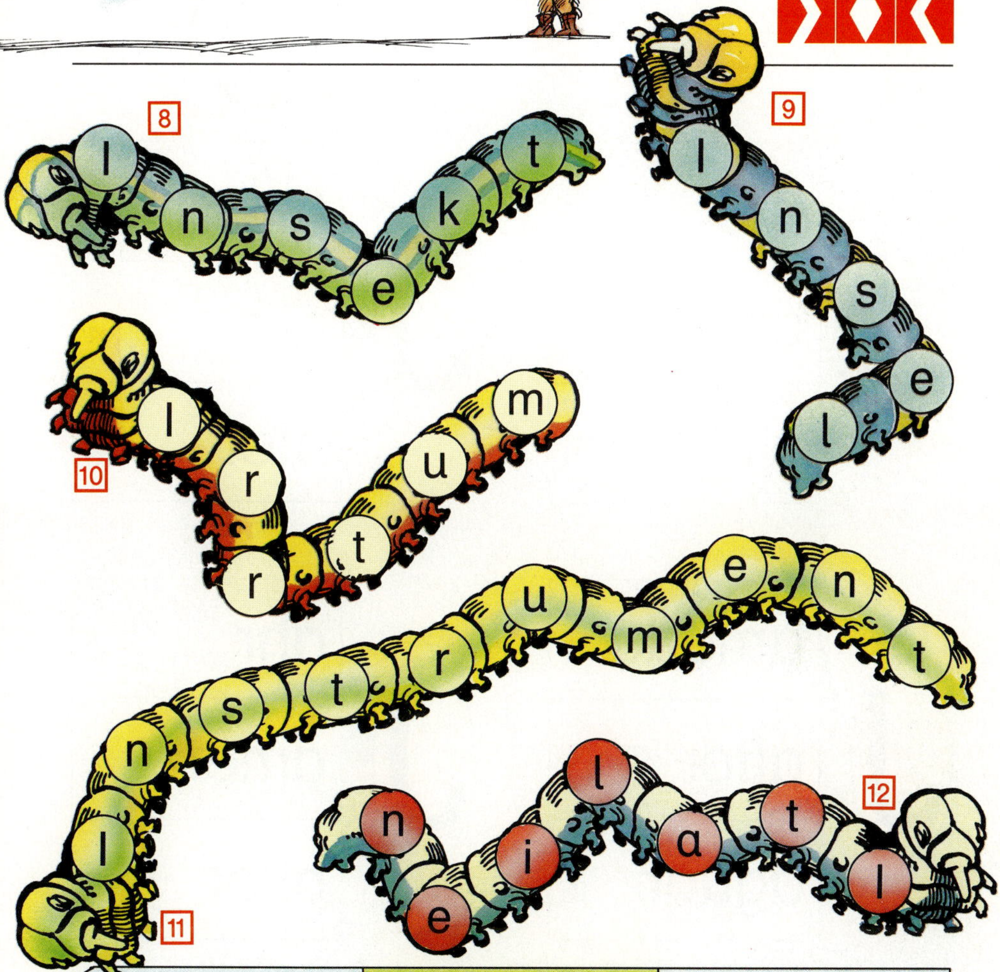

Inhalt 3	Instrument 2	Illustrierte 9
Italien 5	Idiot 6	Irrtum 4
Insel 8	Insekt 12	Indianer 11
Idee 10	Imker 7	Igel 1

J

Gesucht: Wörter mit J am Anfang !

1

J		
	amt	2
	agd	7
	alk	6

2

J		
	acke	3
	alli	4
	ater	8

3

J		
	ameda	9
	affor	1
	aguar	12

4

J		
	ahr	2
	amet	5
	akot	10

5

J		
	ante	1
	armt	11
	ammer	6

6

J		
	akent	10
	odler	4
	allost	9

7

J

apan	8
arnat	4
affot	5

8

J

uma	1
ufer	12
ugend	9

9

J

uli	5
ume	7
uller	11

10

J

unza	10
unge	1
urfo	3

11

J

umer	8
uni	11
umck	4

12

J

auche	10
aube	2
aufo	6

K

Zu jedem Wort gehört ein Bild!

1 **Käfer**

 11	 1	 10	 8

2 **Käfig**

 5	 2	 6	 11

3 **Kaktus**

 10	 5	 7	 9

4 **Kamel**

 9	 8	 3	 12

5 **Kamm**

 6	 2	 4	 7

6 **Kanne**

 12	 5	 6	 3

7

Käse			
5	1	8	2

8

Kasse			
3	5	6	9

9

Katze			
9	10	7	8

10

Kerze			
3	6	2	7

11

Kette			
4	3	7	12

12

Keule			
8	12	2	5

Purzelwörter mit k

Setze die Buchstaben richtig zusammen!

1
h
a e
kr
c n

3
n
n e
k
ö n

4
l
u n
k
b r
e

2
n
h e
kr
i c
e

5
u
e l
kr
n a

6
l
n e
k
h ü

7
a
e n
kr
t z

8
e
p f
kn
n ü

9
e
n n
kl
i g

10
h
n kr ä
e

11
i
e s
kr
e n

12
e
e n
kr
g i

klingen 2	kraulen 1
knüpfen 4	kreisen 8
können 7	kriechen 10
krachen 12	kriegen 3
krähen 6	kühlen 9
kratzen 11	kurbeln 5

Finde das Reimwort!

1

Kabel

- Birne 1
- Nabel 6
- Gurke 11

2

Kahn

- Hahn 4
- Mütze 3
- Peitsche 7

3

Kampf

- Tinte 10
- Wunde 5
- Dampf 1

4

Kante

- Tulpe 12
- Mücke 8
- Tante 11

5

Kanne

- Walze 2
- Tanne 7
- Halle 9

6

Kamm

- Damm 3
- Lampe 8
- Marke 10

7

Kind

- Torte 12
- Winter 10
- Rind 5

8

Klasse

- Säge 9
- Tasse 10
- Perle 12

9

Klette

- Salbe 2
- Riese 7
- Wette 8

10

Korn

- Wespe 9
- Horn 12
- Rinde 11

11

Kragen

- Scheibe 5
- Wagen 2
- Hecke 9

12

Kreide

- Seide 9
- Wolke 6
- Zange 4

L

Wo ist das Wort zum Bild?

1

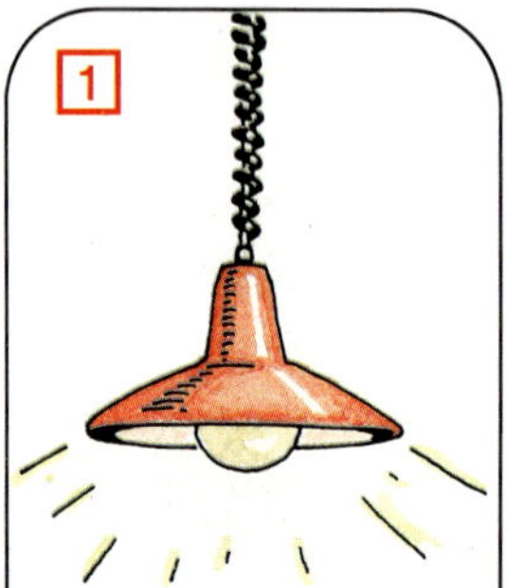

Laterne	3
Lack	11
Lampe	4

2

Lappen	8
Land	5
Lamm	7

3

Larve	2
Laub	11
Lager	9

4

Laus	3
Laut	12
Laune	10

5

Leim	6
Leiste	1
Leiter	5

6

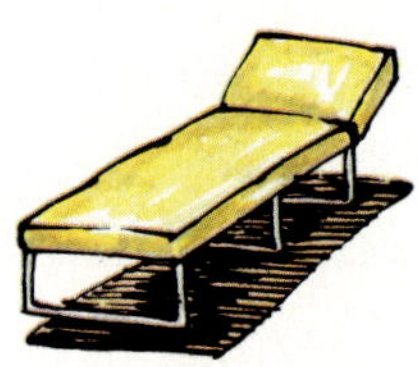

Liege	7
Lied	10
Liebe	2

7

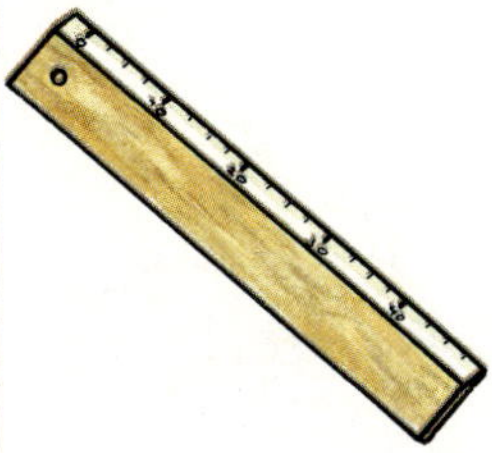

Licht	2
Lineal	9
Liter	11

8

Linie	5
Liste	12
Lippen	2

9

Locke	12
Loipe	8
Los	10

10

Lohn	6
Lokal	4
Löffel	10

11

Loch	9
Lotto	1
Löwe	6

12

Lupe	1
Lust	8
Luft	2

Welches Wort endet mit l?

1

3
Ige_
Eime_
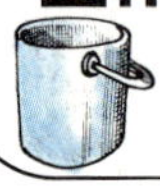
5

2

6
Telle_
Nage_

11

3

12
Maue_
Kame_

8

4
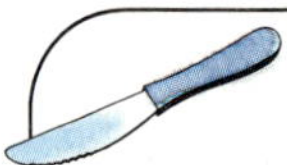
9
Messe_
Pinse_
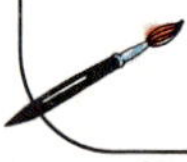
4

5

2
Voge_
Wasse_

1

6

7
Pulve_
Löffe_

12

7

10
Tafe_
Feue_

6

8

5
Scha_
Eute_

7

9
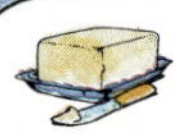
5
Butte_
Gabe_

7

10

10
Tänze_
Nade_
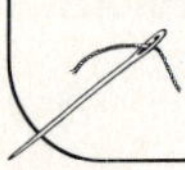
9

11

12
Fenste_
Ese_

1

12

6
Zah_
Winte_

11